novum premium

Brigitta Rhyner

Eintritt ins Pflegeheim & Heimalltag

Ratgeber für Angehörige

novum premium

Bibliografische Information
der Deutschen Nationalbibliothek:

Die Deutsche Nationalbibliothek
verzeichnet diese Publikation in
der Deutschen Nationalbibliografie.
Detaillierte bibliografische Daten
sind im Internet über
http://www.d-nb.de abrufbar.

Gedruckt in der Europäischen Union
auf umweltfreundlichem, chlor- und
säurefrei gebleichtem Papier.

ISBN 978-3-99130-132-5
Lektorat: Mag. Eva Reisinger
Umschlagfoto:
Anna Om | Dreamstime.com
Umschlaggestaltung, Layout & Satz:
novum Verlag
Autorenfoto: Foto Winiger GmbH

www.novumverlag.com

Climate neutral
Print product
ClimatePartner.com/16547-2201-1002

Ein Einblick in den Alltag im Herbst des Lebens von Heimbewohnern

Begleitung auf dem schmerzlichen Weg des Loslassens

Respektvoller Umgang am Lebensende

1. Inhaltsverzeichnis

Widmung

Eine Hommage an die vielen lieben Menschen, die ich in all diesen Jahren ein Stück auf ihrem Weg begleiten durfte.

Ich bedanke mich hiermit bei den unzähligen Menschen, die mir erlaubt haben, sie auf ihrer letzten Reise in eine andere Dimension ein Stück weit, und manchmal bis hin zum physischen Tod, begleiten zu dürfen.

Einleitung

Bevor ich meine Ausbildung zur Sterbebegleiterin gemacht hatte, durfte ich über einen Zeitraum von zehn Jahren vier mir sehr nahestehende, geliebte Menschen aus meinem persönlichen Umfeld auf ihrem Weg, bis zum Eintritt in eine andere Dimension, begleiten.

Wenn ich an diese Begleitungen zurückdenke, habe ich mir oft gewünscht, dass ich mein jetziges Wissen über Sterbebegleitung damals schon gehabt hätte. So hätte ich professioneller mit den nahenden Anzeichen des Todes umgehen können. Ich fühlte mich manchmal ziemlich rat- und hilflos.

Diese privaten Begleitungen haben in mir den Wunsch ausgelöst, mich intensiver mit dem Sterben auseinanderzusetzen. Sie zeigten mir auf, dass mir für ein besseres Erfassen und Verständnis wichtige, praktische Informationen fehlten.
Der Grundstein zum Start einer dreijährigen Ausbildung zur Sterbe- und Trauerbegleiterin war gelegt.

Noch während dieser Ausbildung ist mir ein Inserat in die Hände gefallen:
„Freiwillige Sterbebegleiterin gesucht“
So begann meine Tätigkeit als Sterbe- und Trauerbegleiterin in einem Pflegeheim.

In den über acht Jahren habe ich in diesem Heim vorwiegend ältere Menschen begleitet und viele unterschiedliche,

wunderbare, liebevolle, dankbare und manchmal auch mich herausfordernde Menschen kennen- und schätzen gelernt.
Viele durfte ich nicht nur während ihres Heimalltags, sondern auch in ihrer Sterbephase, bis hin zu ihrem Tod, begleiten.

Es kam unerwartet eine Anfrage von einem Verlag, ob ich ein Buch über meine Erfahrungen und Tätigkeiten verfassen möchte.
Diese Idee hat mich fasziniert.

So habe ich mich dazu entschieden, einen Ratgeber zu schreiben, in dem ich meine Arbeit als Sterbe- und Trauerbegleiterin in einem Pflegeheim beschreibe. Ebenso berichte ich über den Heimalltag mit all seinen Facetten und spreche dabei ein Tabuthema an: den Sterbeprozess.

Ich habe mir diverse Gedanken darüber gemacht, welche Themen ein breites Publikum interessieren könnten und möchte Ihnen, liebe Leser, mit dem vorliegenden Buch einen Einblick in meine Arbeit als Sterbe- und Trauerbegleiterin geben.

Dieser Ratgeber beleuchtet die Situation von Menschen, die freiwillig oder von äusseren Umständen gezwungen in eine Pflegeinstitution eintreten und dort ihren Alltag bis zu ihrem Sterben verbringen.

Meine Aufmerksamkeit schenke ich in diesem Buch auch den Angehörigen, da eine Sterbebegleitung oft eine unbekannte und angsteinflössende Situation sein kann.

Es ist mir bewusst, dass für einen grossen Teil der Bevölkerung das Thema Krankheit, Heimeintritt und Sterben belastend ist. Doch es trifft und betrifft uns alle, niemand ist davor gefeit.

Ich gebe Ihnen hiermit einen Einblick in die praktische Seite des Sterbeprozesses und zeige auf, wie Sie Ihre Liebsten in dieser schwierigen und emotionalen Phase ruhig begleiten und unterstützen können.

Der Heimeintritt und seine Konsequenzen werden früher oder später für viele Menschen ein Thema, das es wert ist, näher zu betrachten.

Das Alter, die Patientenverfügung, der Heimalltag, die Krankheit und deren Verlauf, der Sterbeprozess und die Sterbebegleitung sind Themen, denen wir ebenfalls so lange wie möglich ausweichen möchten. Es ist jedoch wichtig, sich damit früh auseinander zu setzen, denn man weiss nie, was und wann uns im Leben widerfährt. Der Tod gehört zum Leben.

Wie viele Menschen, wurde auch ich gezwungen, mich früh mit dieser Thematik auseinander zu setzen, als meine Mutter schwer erkrankte.

Zu guter Letzt noch ein Hinweis an Sie, lieber Leser: Ich verzichte in meinem Ratgeber aufgrund der einfacheren Lesbarkeit auf das Gendern und bitte alle Geschlechter, sich gleichermassen angesprochen zu fühlen.

1. Eintritt in ein Pflegeheim (Teil 1)

1.1. Herausforderung oder Erleichterung?

Leider passiert es nicht selten, dass ein älterer Mensch nach einem medizinischen Notfall in eine Pflegeeinrichtung eingeliefert werden muss, ohne dass er je wieder seine Wohnung betreten und in sein altes, gewohntes Leben zurückkehren kann. Das ist eine herausfordernde Situation und macht es den Betroffenen nicht gerade leicht, sich an den Gedanken zu gewöhnen, dass das Pflegeheim nun ihre „Wohnung", ihr zukünftiges Leben, ihre letzte Station sein wird.

Die meisten Menschen verschliessen die Augen vor einem Aufenthalt im Pflegeheim. Der Verdrängungsmechanismus gehört dazu. Sie reden sich ein, dass das nie nötig sein wird, was sich ja in manchen Fällen bewahrheitet. Laut BFS (Bundesamt für Statistik) leben in der Schweiz nur ca. 15 % der über 80-jährigen Personen in einem Pflegeheim. Die anderen sind noch selbständig oder nehmen anderweitige Angebote in Anspruch. Dennoch ist es von Vorteil, sich frühzeitig Gedanken über einen allfälligen Heimaufenthalt zu machen. So kann das Heim in Ruhe und nach Vorlieben ausgesucht werden.

1.1.1. Herausforderung

Der Eintritt in ein Pflegeheim ist ein einschneidender Schritt und eine gewaltige Herausforderung, nicht nur für die Betroffenen selbst, sondern auch für die Angehörigen.

Das Leben, das sich bisher in einer eigenen Wohnung mit viel Freiheit und Selbstbestimmung abgespielt hat, wird nun auf ein Zimmer reduziert, das je nach finanzieller Situation noch geteilt werden muss. Was bedeutet das konkret? Ich gehe weiter unten darauf ein.

1.1.2. Erleichterung

Für manche Menschen bedeutet der Eintritt in eine Pflegeinstitution jedoch eine Erleichterung. Diese Erleichterung folgt nicht selten auf die überwundenen Strapazen. Hausarbeit, kochen, einkaufen, organisieren... fallen weg. Stattdessen gewinnt man je nach Gesundheitszustand neue Freiheiten. Kräfte können für Alltagsaktivitäten wie Spaziergänge, spielen, lesen, handarbeiten etc. eingesetzt werden. Von der Sicherheit ganz zu schweigen. Die Betreuung erfolgt rund um die Uhr! Bei Bedarf kann immer eine Fachperson herbeigerufen werden. Die Erleichterung ist oft auch bei den Angehörigen spürbar, anfangs noch gemischt mit der Sorge, wie sich das Einleben wohl gestalten wird.

Um betagte Menschen sanft an ein Heimleben zu gewöhnen, bieten viele Heime Ferienplätze an. So können sie sich langsam an ein Heimleben gewöhnen.

1.2. Fremdbestimmter Eintritt in ein Pflegeheim

Wie kann sich ein älterer Mensch geistig und körperlich zurechtfinden, wenn ihn das Leben ohne Vorwarnung, von einem Tag zum anderen, z. B. wegen eines Unfalls oder einer Krankheit, vor scheinbar unüberwindbare Herausforderungen stellt?
Er muss sich zuerst mit dem Krankenhausaufenthalt abfinden und auseinandersetzen, dann eventuell mit einem mehrwöchigen Geriatrie-Aufenthalt.
Wenn der gesundheitliche Zustand es einem kranken Menschen nicht mehr erlaubt ins gewohnte Leben zurückzukehren, wird ihm die Entscheidung auferlegt. Er hat keine Möglichkeit mehr, sich seelisch auf einen Heimeintritt und eine neue Lebenssituation vorzubereiten.

Es gibt unterschiedliche Gründe, die es einem älteren, kranken Menschen verunmöglichen, nach einem Krankenhausaufenthalt wieder zu Hause leben zu können, z. B. sei es, dass er allein lebt oder dass der gesundheitliche Zustand des jeweiligen Partners eine Betreuung und Pflege des Erkrankten unmöglich macht.

Ich veranschauliche Ihnen dies anhand des Krankheitsverlaufes meiner Mutter:

Meine Mutter wohnte allein in einer Wohnung. Sie fühlte sich viele Monate immer müde. Es wurde so schlimm, dass sie nicht mehr aufstehen konnte. Ich arbeitete und wohnte nicht in ihrer Nähe. Ihre Nachbarin liess den Arzt kommen und dieser überwies sie direkt ins Krankenhaus. Ich habe meine Mutter jeden Tag besucht, während sie im Krankenhaus war.

Nach einer Woche wurde meiner Mutter gesagt, dass sie mit der Betreuung einer Spitex in einer Woche wieder nach Hause dürfe. Ich verlegte ihr Zimmer in das untere Stockwerk und freute mich über diesen guten Bescheid.

Zwei Tage später sagte mir die Ärztin, dass sich der Zustand meiner Mutter verschlechterte. Sie meinte, dass meine Mutter wohl in ein Altersheim eintreten müsse. Noch am gleichen Tag habe ich einen Platz gesucht und ihn bestätigt bekommen.

Am nächsten Tag erklärte mir die Ärztin, dass der sich verschlechternde Zustand meiner Mutter nun die Suche nach einem Platz in einem Pflegeheim erfordere.

Ich war am Boden zerstört und funktionierte robotermässig, suchte und fand ein Pflegeheim. Zu diesem Zeitpunkt konnte ich nicht vollumfänglich erfassen, was da gerade passiert war. Es war unwirklich.

Ein solcher Heimeintritt wird situationsbedingt fremdbestimmt, ohne dass der Kranke fähig ist, mitzuentscheiden.

Mir haben Bewohner erzählt, dass sie grosse Mühe bekundeten, sich nicht langsam von ihrer Wohnung und dem gewohnten Leben verabschieden zu können und selbstbestimmt Entscheidungen zu treffen wie:
Wie löse ich meine Wohnung auf?
Wem möchte ich was schenken?
Wer kümmert sich um mein Haustier?
Was möchte ich alles ins Pflegeheim mitnehmen, das mir am Herzen liegt und mir wichtig ist?
Welche Kleider nehme ich mit?

Dies sind alles Entscheidungen, die der kranke Mensch vor dem Notfall selbst getroffen hätte.

Viele Bewohner fühlen sich ohnmächtig, wenn Angehörige oder fremde Menschen diese Entscheidungen über ihren Kopf hinweg treffen müssen.

Manchmal bemerken die Bewohner erst viel später, dass ihnen noch ein spezielles Schmuckstück, ein Fotoalbum, ein gewisses Buch oder ein Kleidungsstück, das sie besonders mögen, fehlen.

Ich verstehe, wenn dies Frust, Unmut oder Traurigkeit auslöst.

Ein achtsamer, verständnisvoller Umgang einer Fachperson, der Angehörigen oder des Pflegepersonals wirkt manchmal Wunder!

Es gibt auch noch andere Situationen. Es ist nicht nur immer der Partner, der überfordert ist, sondern nicht selten die erwachsenen Kinder.

Ich möchte Ihnen anhand von zwei Beispielen aufzeigen, dass Kinder, deren Elternteil oder beide Eltern zu Hause leben, nicht immer genau beurteilen oder sehen können, wie es um ihre Eltern steht und ob diese wirklich noch in der Lage sind, weiterhin ohne Hilfe zu Hause leben zu können.

Wie diese beiden Beispiele bestätigen, zeigt die Realität eine andere Sicht auf:

1. Beispiel: Eine ältere Frau lebte allein in ihrer Wohnung. Bei ihr wurde vor Jahren Parkinson diagnostiziert. Sie managte alles selbständig und ihre Krankheit blieb lange stabil. Langsam verschlechterte sich ihr geistiger Zustand –fast unmerklich. Es fing damit an, dass sie Sachen verlegte oder nicht mehr fand. Sie konnte dies lange Zeit vertuschen, indem sie alles relativierte und vage in ihren Äusserungen blieb. Es dauerte sehr lange, bis sie sich eingestehen konnte, dass ihre Vergesslichkeit nun grössere Ausmasse annahm. Die Frau merkte, dass sie wichtige Termine vergass und Tage der Abmachungen verwechselte.
Sie ass nicht mehr regelmässig, kochte nicht mehr richtig, vergass ihre Medikamente, oder nahm zu viele. Dies hatte letztlich gesundheitliche Konsequenzen.

Daraufhin wurde die Spitex organisiert, die auch das Essen lieferte. Da das Essen schon zeitig gebracht wurde, war der Hunger noch nicht gross und sie ass es nicht sofort. Es wurde nicht gleich bemerkt, dass die Frau nicht mehr fähig war, das Essen aufzuwärmen und somit unregelmässig ass. Wenn sie Hunger hatte, wusste sie nicht mehr, dass das Essen in der Bratpfanne bereit stand und wie sie es nur noch aufwärmen musste. Dies hatte zur Folge, dass die Frau schwach wurde und wegen Gleichgewichtsstörungen stürzte.

Ihr Sohn kümmerte sich gut um sie. Er konnte jedoch nicht 24 Stunden am Tag bei ihr wohnen. So blieb der wirkliche Zustand lange Zeit verborgen, bis die Frau eines Tages ins Krankenhaus eingeliefert werden musste, weil sie verwirrt war und wieder stürzte.
Im Krankenhaus wurde ersichtlich, dass die Frau nicht mehr allein leben konnte und für sie notfallmässig nach

dem Krankenhausaufenthalt ein Pflegeplatz gesucht und die Wohnung gekündigt werden musste, ohne dass sie nochmals zurück in ihre Wohnung konnte.

2. Beispiel: Ein älteres Ehepaar lebte zu Hause. Sie hatten mehrere Kinder. Der Vater war dement, konnte aber noch alles, was seine Frau ihm auftrug, ausführen. Die Mutter schien klar im Kopf. Sie konnte fast nicht mehr gehen und brauchte Hilfe. Sie hatte das RLS (Restless Leg Syndrom), unruhige Beine.

Die Kinder richteten es so ein, dass die Tochter jeden Dienstag bei den Eltern vorbeischaute und sonntags eines ihrer Geschwister. Die Tochter brachte dann fünf Nachtessen und die Mittagessen wurden vom Mahlzeitendienst gebracht.

Als die Tochter die Eltern wieder einmal besuchte, sagte ihr die Mutter, dass sie Hunger hätte.
Die Tochter fragte, ob sie denn am Mittag nicht das Essen vom Mahlzeitendienst gegessen hätten.
Sie antwortete darauf, dass sie dies schon lange gegessen hätten.

In der Küche sah die Tochter, dass der Vater die Menüs in den Kehricht geleert hatte! Das Essen kam so früh, dass der Vater in seiner Demenz meinte, er müsse die Pfannen leeren und abwaschen. Er warf deswegen das Essen immer wieder weg, ohne dass die Mutter dies bemerkte.

An diesem Tag schlief die Tochter bei den Eltern, weil sie das Gefühl hatte, dass etwas nicht mehr stimme. So hatte sie mitbekommen, was in der Nacht lief. Die Mutter weckte ihren Ehemann immer wieder, weil sie unruhige Beine hatte oder auf die Toilette musste.

Da sah die Tochter, dass die Eltern nicht mehr in der Lage waren, allein in der Wohnung zu leben. Die Kinder mussten deshalb eine andere Lösung suchen.

Mit diesen Beispielen möchte ich aufzeigen, dass die Situation oft falsch eingeschätzt wird, auch wenn sich die Kinder gut um ihre Eltern kümmern.

1.3. Patientenverfügung

Meiner Meinung nach ist es zwingend, dass jeder gesunde Mensch, egal, wie alt er ist, eine Patientenverfügung ausfüllt.

Man weiss nie, was einem im Leben widerfährt. Es kann ein Unfall passieren oder man wird schwer krank. Nicht in jedem Fall ist man nach einem Unfall noch in der Lage, sich mitzuteilen.

Diskussionen über lebenserhaltende Massnahmen oder sonstige Behandlungen in einem Notfall sollte man noch im gesunden Zustand mit den Angehörigen führen und seine Wünsche in einer Patientenverfügung niederschreiben.

Fragen können so klar beantwortet werden, wie z. B.:

Möchte ich, wenn erforderlich, an eine Herz-Lungen-Maschine angeschlossen und nur noch mit Maschinen am Leben erhalten werden?

Möchte ich, wenn ich in ein Koma falle, dass die Maschinen abgestellt werden, oder möchte ich das nicht?

Möchte ich eine notwendige Operation in meinem Alter noch machen lassen?

Man kann eine Patientenverfügung auch mit einem Hausarzt besprechen und zusammen ausfüllen.

Eine Patientenverfügung ist bei einem Notfall eine grosse Erleichterung und Entlastung für die Angehörigen. Sie haben so etwas in der Hand, kennen die Wünsche ihrer Liebsten und können die Patientenverfügung, falls nötig, dem Notfallarzt im Krankenhaus geben.

1.4. Aufopferung bis zur Überforderung

Es gibt viele unterschiedliche Situationen, die zu einer Überforderung der Lebensumstände führen.

Ein Beispiel: Ein älteres Paar lebt noch zu Hause, in einer harmonischen Beziehung. Eines Tages wird ein Lebenspartner pflegebedürftig und bettlägerig. Die Spitex wird involviert und der gesunde Partner übernimmt die Organisation des Haushaltes, kocht und kümmert sich um den Kranken.

Beim bettlägerigen Menschen löst seine Situation mit der Zeit Angst, Trauer, Wut und Frust aus.
Da der Partner der engste Vertraute ist, wird er zum Blitzableiter, was bei ihm Reaktionen auslöst, die er eventuell aus Rücksicht zum Kranken nicht zeigt. Dadurch entsteht eine konfliktgeladene, emotional unerträgliche Situation, die den gesunden Partner ebenfalls zu belasten beginnt, so dass ihre gute Beziehung kippen und die Gesundheit des Partners ebenfalls beeinflusst werden kann.

Spätestens zu diesem Zeitpunkt sollte das Paar versuchen, miteinander eine Lösung zu finden, die für beide Parteien akzeptabel ist, nicht perfekt, aber akzeptabel – zum Beispiel eine Pflegeinstitution.

Lieber ein Partner, der einen ausgeruht und zufrieden im Heim besuchen kommt, in einer harmonischen Atmosphäre, als dass beide Parteien tagtäglich zu Hause eine konfliktgeladene Situation ertragen müssen!

Ein Unfall oder eine Krankheit der Mutter oder des Vaters kann für Angehörige eine grosse Herausforderung werden. Sie sehen sich mit der Situation konfrontiert zu entscheiden, was die beste Lösung für beide Parteien ist:

Den kranken Menschen zu Hause, z. B. zusammen mit einer Spitex, zu pflegen oder eine
Pflegeinstitution in Betracht ziehen?

Die Angehörigen sollten es sich meiner Meinung nach gut überlegen, bevor sie sich für eine Pflege zu Hause entscheiden, denn es ist eine grosse, aufopferungsvolle Aufgabe. Ich würde eher dazu neigen, den geliebten

Menschen, wenn möglich, zum Sterben nach Hause zu bringen, denn dies ist häufig auch ein Wunsch eines Kranken.

Angehörige haben oft ein schlechtes Gewissen, wenn sie an ein Pflegeheim denken:
„Ich kann doch meine liebe Mutter, meinen lieben Vater nicht einfach in ein Pflegeheim abschieben!"

Auch wenn der Vater oder die Mutter nicht in ein Pflegeheim eintreten möchte, rate ich den Angehörigen, es sich gut zu überlegen, denn es kann sein, dass auch ein schwer kranker Mensch noch lange lebt und die Pflege zu Hause mit der Zeit ihre Kräfte überfordert und es beim Angehörigen womöglich zu einem Burnout führen kann.

1.4.1. Eine faire Entscheidung treffen für beide Parteien

Wenn ein älterer Mensch so krank wird, dass er lange Zeit, vielleicht über Monate gepflegt werden muss, kommt er nicht darum herum, sich auch zu Hause und nicht nur in einem Pflegeheim mit seiner Krankheit auseinanderzusetzen.

Wir haben das Gefühl, dass wenn wir zu Hause bleiben können, es uns viel besser gehen wird. Es besteht die Möglichkeit, doch die Krankheit begleitet uns auch tagtäglich daheim. Dort wird uns sogar noch deutlicher vor Augen geführt, wie abhängig, unselbständig wir sind und wie ohnmächtig wir uns fühlen, weil der Partner gesund ist und alles erledigt, wozu wir nicht mehr in der Lage sind.

Was sich ändert, ist die Übertragung der Pflichten. Die Verantwortung, den Haushalt zu führen, einkaufen zu gehen, zu kochen und zusätzlich den kranken Partner zu betreuen und seine Wünsche zu erfüllen, lastet nun allein auf dem gesunden Partner.

Der Kranke lässt sich lieber in seinem eigenen Umfeld betreuen und pflegen.
Doch wie sieht es für den gesunden Partner aus?
Für ihn kann es mit der Zeit eine grosse physische und psychische Belastung werden.

Wenn der gesunde Partner an seine physischen und psychischen Grenzen stösst, muss eine neue Lösung gesucht werden, die beiden Parteien gerecht wird.

1.5. Anpassungsphase an den Heimalltag

Ich habe beobachtet, dass die Anfangsphase für die Bewohner oftmals ziemlich herausfordernd ist und eine grosse Unsicherheit auslöst. Sie sind manchmal nicht sehr kooperativ, da sie sich in der Umbruchphase befinden, die für sie selbst nicht einfach ist. Da ist das Feingefühl des Pflegepersonals, der Angehörigen und der Fachperson gefragt.

In einer Pflegeinstitution kann nicht auf alle Bedürfnisse der Bewohner eingegangen werden. Es gilt, gewisse Abläufe strukturiert einzuhalten. Dadurch entstehen oft

gewisse Interessenskonflikte, wie Essenszeiten, Duschzeiten, Schlafenszeiten etc., denn diese Menschen hatten zu Hause einen anderen Lebensrhythmus oder Tagesablauf. Das Pflegeteam versucht jedoch, so gut es geht, auf Wünsche von den Bewohnern einzugehen, sei es z. B. das Aufstehen oder die Pflegezeit, um ihnen so weit wie möglich entgegenzukommen.
Es benötigt seitens der Bewohner, der Angehörigen und des Pflegepersonals Kompromiss- und Anpassungsbereitschaft, die dem einen leichter fällt und dem andern schwerer.

Bis sich neu eingetretene Bewohner in dem Heim zurechtfinden, müssen oft einige Hürden überwunden werden. Auf welchem Stock befindet sich mein Zimmer, wo ist der Ess-Saal, wo der Ausgang zum Garten und wo das Atelier? Je nach kognitiver Fähigkeit löst dies Stress oder Ängste in ihnen aus. Sie möchten das Personal nicht „stören".
Die Bewohner sind je nach gesundheitlichem Zustand einige Stunden auf sich allein gestellt und werden somit mit wichtigen Fragen konfrontiert wie:

Wie gestalte ich trotz meiner gesundheitlichen Einschränkungen meinen Alltag für mich zufriedenstellend?
An welchen Angeboten vom Heim bin ich noch interessiert?
Was würde mir Freude bereiten?

Viele Pflegeinstitutionen bieten unterschiedliche Aktivitäten an, die den Bewohnern eine willkommene Abwechslung bringen.

Wie können sich Bewohner, deren Gesundheit es nicht mehr erlaubt, aktiv am Geschehen teilzunehmen, beschäftigen?
Je nach gesundheitlicher Einschränkung ist die Fantasie des Personals gefordert, um den Bewohnern ab und zu die Stunden des Alleinseins zu verkürzen.

Es können ihnen kleine Handreichungen oder Aufgaben übergeben werden, wie z. B. Geschirrtücher zusammenlegen oder den Tisch decken.

Ich habe beobachten können, dass Menschen, die ihre Situation akzeptieren und versuchen, das Beste daraus zu machen, oft zufriedener sind.

1.6. Verlust der Privatsphäre und der Intimsphäre

Der Eintritt in eine Pflegeeinrichtung ist für jeden Menschen, der bisher ein selbständiges Leben geführt hat, ein drastischer Einschnitt. Plötzlich sieht er sich konfrontiert mit neuen, einschneidenden Herausforderungen unterschiedlichster Art.

Da manche Bewohner in ein Zweierzimmer eingeteilt werden, platzbedingt oder aus finanziellen Gründen, müssen sie das Zimmer mit jemandem teilen. Das bedeutet, dass ihre Privatsphäre massiv eingeschränkt ist.

Es kann zu einer Beeinträchtigung der Schlafqualität und des psychischen Befindens führen, wenn der Mitbewohner z. B. einen unterschiedlichen Schlafrhythmus hat, der eine schnarcht, oder das Pflegepersonal in der Nacht mehrmals reinschauen muss.

Der Verlust der Privatsphäre ist auch mit Stress und Scham behaftet, wenn Bewohner Hilfe beim Toilettengang benötigen, nicht mehr duschen oder sich selbst versorgen können und auf die Unterstützung des Pflegepersonals angewiesen sind.

Die neuen Bewohner müssen sich erst daran gewöhnen und brauchen dann Zeit, um sich mit dieser neuen und anspruchsvollen Abhängigkeitssituation zurechtzufinden.

1.7. Herausforderungen im Heimalltag

Es gibt viele Gründe für den Eintritt in ein Pflegeheim. Diese Gründe resultieren aus einem Selbstversorgungsdefizit, d.h. der Mensch ist in einem oder mehreren Aktivitäten des täglichen Lebens nicht mehr in der Lage, für sich selbst zu sorgen. Der Grund dafür sind kognitive und/oder körperliche Einschränkungen.

Ein Mensch hat z.B. einen Schlaganfall oder eine Hirnblutung erlitten. Er ist aus gesundheitlichen Gründen ans Bett gebunden, ist gestürzt oder wegen seinem hohen Alter schwach und nicht mehr fähig, allein zu leben. Sein Hörvermögen hat sich z.B. drastisch verschlechtert, oder er sieht fast nichts mehr.

Wenn Menschen kognitiv noch nicht sehr beeinträchtigt sind, ist es für sie oft schwierig, ihren Alltag „sinnvoll“

zu gestalten, was immer dies für jeden Einzelnen bedeutet.

Viele Bewohner können gesundheitsbedingt nicht mehr an den Aktivierungs-Programmen, die im Heim angeboten werden, teilnehmen. Es wird ihnen womöglich langweilig. Das Personal kann sich nicht eins zu eins um sie kümmern, obwohl sie dies sehr gerne tun würden. Die Tagesstruktur des Pflegepersonals ist jedoch eng bemessen und es findet sich keine Zeit für längere Privatbetreuungen.

Somit sind die Bewohner oft lange auf sich selbst gestellt und kommen sich nutzlos vor. Sie werden nicht mehr „gebraucht" und sind abhängig vom Goodwill anderer Menschen.
Es besteht die Gefahr, dass sie sich in sich selbst zurückziehen und in Lethargie oder Gleichgültigkeit verfallen.

1.8. Einsamkeit

Es gibt auch Bewohner, die sich einsam fühlen, weil sie entweder keine Angehörigen oder Freunde mehr haben, die sie regelmässig besuchen, oder weil ihre Angehörigen arbeiten, in einer anderen Stadt oder sogar im Ausland wohnen – oder der Kontakt abgebrochen ist. Da ist es doppelt hart, seine positive Haltung aufrecht zu erhalten.

Umso dankbarer sind die Bewohner, wenn Freiwillige sie besuchen kommen und sie in diversen Belangen unterstützen, wie Arztbesuche, einkaufen, spazieren etc.
Ich habe die Erfahrung gemacht, dass jeder Bewohner dankbar war, wenn er für ein paar Stunden meine

uneingeschränkte Aufmerksamkeit bekam, ich ihm zuhörte, wenn ihn etwas belastete und er erzählen wollte, oder wenn er spezifisch einen Rat benötigte. Er fühlte sich so ernst genommen.

1.8.1. Traurigkeit

Ich habe erlebt, dass verschiedene persönliche Umstände beim Bewohner eine grosse Traurigkeit ausgelöst haben. Sei es der Umstand, in eine Pflegeinstitution einzutreten, eine Verschlechterung der Gesundheit sowie auch ein Partnerverlust vor oder während des Heimaufenthalts. Einige Bewohner haben dadurch die Freude am Leben verloren.

Je nach Situation können Medikamente die psychische Befindlichkeit unterstützen.

Auch Besuche von Angehörigen, Freunden oder einer Fachperson helfen den Bewohnern. Nach einem Besuch sind die Bewohner oft ausgeglichen und zufrieden.

1.9. Begleitung und Unterstützung

Es gibt diverse Umstände, die Menschen, welche in eine Pflegeinstitution eintreten, Schwierigkeiten bereiten:

- Heimeintritt
- Abhängigkeit
- Verlust der Selbstbestimmung
- Wohnungsaufgabe
- Verlust kognitiver Fähigkeiten

- Tod des Partners
- Gesundheitliche Einschränkungen
- Einsamkeit

All diese Umstände können den Bewohnern den Sinn und den Antrieb zum zufriedenen Weiterleben erschweren. Sie nehmen selten am Geschehen teil und ziehen sich in sich zurück. Es braucht viel Verständnis, Geduld und Zeit von Seiten des Personals, der Angehörigen oder der Fachperson. Die Bewohner benötigen viel Aufmerksamkeit und Menschen, die ihnen zuhören, damit sie sich ihre Sorgen von der Seele reden können.

Manchmal helfen Gespräche, zusammen oder auch allein Musik hören, ein Spaziergang in der Natur oder wie erwähnt Medikamente.

Ich habe, als mein Schwiegervater im Pflegeheim war, mit ihm seine Biografie geschrieben. Es war eine lohnende Art, ihn abzulenken.

1.10. Eigenverantwortung, Akzeptanz und Neuorientierung

1.10.1. Eigenverantwortung

Wenn Bewohner gesundheitlich noch dazu in der Lage sind, an verschiedenen Aktivitäten teilzunehmen, noch fähig sind, z. B. mit der Gehhilfe nach draussen zu gehen und einen Spaziergang zu machen, dann werden sie motiviert, dies zu tun.

Mir ist aufgefallen, dass diejenigen Bewohner, die ihre Eigenverantwortung wahrnehmen, zufriedener sind und eine höhere Lebensqualität haben, weil sie selbstbestimmter ihren Alltag mitgestalten.

Wenn Menschen unter ständigen Schmerzen leiden, braucht es jedoch einen sehr starken Willen, um nicht aufzugeben. Die Bewohner sagen dann oft:
„Wofür denn?"

Manchmal gelingt es, Bewohner zu motivieren, sie aus ihrem mentalen „Gefängnis" zu locken, indem man sie zu einem Spaziergang oder zum Kaffeetrinken ermutigt, damit sie einen Tapetenwechsel haben. Wenn dies nicht gelingt oder nicht mehr möglich ist, kann ein Gespräch eine gute Ablenkung sein. Vor allem aktives Zuhören ist dann gefragt, denn mir haben einige Bewohner erzählt, dass ihnen ein richtiger Austausch mit Gleichgesinnten, die sich Zeit nehmen, fehlt.
Oft bleibt ihnen dann nur noch der Fernseher! Ob dieser ihre Bedürfnisse decken kann oder einfach nur hilft, diese Alltagsöde zu vergessen und die Stunden bis zum Abendessen zu überbrücken?
Wenn Bewohner bewusst auf alle Angebote, die vom Heim oder einer Fachperson angeboten werden, verzichten möchten, muss dies respektiert werden.

Man kann sie dann auf mögliche Konsequenzen ihres Handelns aufmerksam machen. Letztendlich aber liegt die Entscheidung bei ihnen. Es ist sehr wichtig, dass die Bewohner eine gewisse Eigenverantwortung für ihr Handeln oder eben Nichthandeln übernehmen.

Ich habe die Bewohner hin und wieder behutsam darauf hingewiesen, dass wenn sie sich gehen lassen und sich nicht mehr bewegen, die Beweglichkeit, die Freude und somit die Lebensqualität massiv eingeschränkt werden könnten.

1.10.2. Akzeptanz und Neuorientierung

Ein wunderbares Beispiel der Akzeptanz ihrer Situation und einer Neuorientierung ist eine Bewohnerin, die krankheitsbedingt im Rollstuhl sitzt.

Sie ist zusammen mit ihrem Mann ins Pflegeheim eingetreten. Beide haben an diversen Heimaktivitäten teilgenommen. Der Zustand ihres Mannes hat sich jedoch irgendwann verschlechtert und er ist gestorben.

Die Bewohnerin hat trotz ihres Schicksals ihr positives Gemüt behalten. Ihr Hobby, das Nähen, hält sie noch immer auf Trab. Sie hat früher für Puppen Kleider und Trachten genäht.

Da sie eine begnadete Näherin ist, hat man sie gefragt, ob sie Kleider von anderen Bewohnern umändern oder flicken möchte, was sie dankend angenommen hat. Auch hilft sie mit, diverse Tischdekorationen zu kreieren.

Sie hat sich von ihrem Schicksal nicht unterkriegen lassen. Sie nimmt an Anlässen teil, spielt gerne Karten und wenn man sie fragt, wie es ihr gehe, erhält man stets eine positive Antwort.
Die Bewohnerin hat sich mit ihrem Zustand versöhnt und ist meiner Meinung nach für viele ein Vorbild, wie

sie ihre Situation akzeptiert und einen neuen Lebenssinn gefunden hat. Sie gestaltet ihr Leben sinnvoll und ihre Rituale sind ihr Anker, wo sie Frieden findet.

Was ist der Grund, dass es manchen Menschen, trotz schwerer Schicksalsschläge gelingt, positiv zu bleiben, und manchen nicht? Mein Eindruck ist, dass sich Menschen, die ein starkes soziales Netz haben, besser an ihre aktuelle Situation anpassen. Sie erhalten oft Besuch, können sich austauschen und ihre Sorgen und Freuden mit ihren Liebsten besprechen.

Ich habe in diesen vielen Jahren mehrheitlich Menschen begleitet, die keine Angehörigen mehr gehabt haben, deren Freunde weiter weg wohnten oder auch nicht mehr mobil waren. Jedenfalls waren es Bewohner, die höchst selten oder gar keinen Besuch erhalten haben.

Sie alle sind so froh und dankbar über einen Besuch und einen Austausch gewesen.

Es hat sich herauskristallisiert, dass sich Menschen, die in ihrem Leben früh haben kämpfen müssen, sei es aus gesundheitlichen oder familiären Gründen, auch nach herausfordernden Situationen, wie z. B. einem Heimeintritt, besser auf auftretende Herausforderungen einstellen können. Sie leben, wenn es ihre Gesundheit noch erlaubt, ressourcenorientierter.

Bei meinen Besuchen habe ich bemerkt, dass Menschen, die ihre Ressourcen aus irgendwelchen Gründen nicht nutzen können oder wollen, auch wenn sie noch die Fähigkeit dazu besitzen, oft mit depressiven Verstimmungen reagieren und immer wieder damit kämpfen. Es ist nie einfach gewesen, sie zu etwas zu motivieren, das ihnen Freude bereitet und sie etwas ablenkt oder das ihre Sichtweise etwas ändert. Sie sind wie festgefahren und es helfen manchmal nur Medikamente, um ihre Stimmung etwas aufzuhellen.

2. Krankheit, Ängste, Ressourcen erkennen (Teil 2)

Jeder Mensch ist einzigartig und bei jedem Menschen verläuft eine Krankheit aus den verschiedensten Gründen anders. Somit gestaltet sich auch der Heimalltag unterschiedlich.

Es gibt Bewohner, die schon viele Jahre in einem Pflegeheim sind und fast keine Hilfe benötigen. Je nach Krankheitsverlauf kann es dann sein, dass sie immer öfters und irgendwann permanent auf die Hilfe des Personals angewiesen sind, und der Rollator wird ihr ständiger Begleiter.

Phasen der Instabilität und Komplexität eines kranken Menschen können mit stabileren Phasen abwechseln. Es kann gut sein, dass es einem Bewohner zeitweise auch wieder besser geht.

Oftmals verliert ein Mensch scheibchenweise seine Eigenständigkeit. Viele Bewohner haben deswegen das Gefühl, dass sie den Angehörigen und dem Pflegeteam eine unnötige Last werden, sei es finanziell, organisatorisch oder emotional. Das zunehmende „Abhängigwerden" ist für manche Bewohner eine grosse psychische Belastung.

Ein würdiger, aufmerksamer, stützender und stärkender Umgang seitens der Angehörigen, des Pflegepersonals oder einer begleitenden Fachperson ist unumgänglich.

Es ist in diesen Momenten wichtig, die Ressourcen zu fördern und nicht nur allfällige Defizite zu sehen und zu besprechen.
Es besteht ein unmittelbarer Zusammenhang zwischen der seelischen Gesundheit und dem Selbstwertgefühl.

Hat der kranke Mensch kein gut funktionierendes, mittragendes, soziales Netz, kann dies den Krankheitsverlauf verstärken oder beschleunigen. Der Bewohner wird lethargisch und verkapselt sich, bis er ganz verstummt. Mir geht es unter die Haut und es berührt mich tief, wenn einige Bewohner keinen oder höchst selten Besuch erhalten!

Zu einigen der Bewohner baute ich über die Jahre eine wertvolle Beziehung auf und einige durfte ich in ihrem Sterbeprozess begleiten, bis sie diese Welt verlassen haben.

Ich möchte Ihnen hier ein Beispiel von einem betagten Mann aufzeigen, der fast nie Besuch bekam: Wenn ich den Korridor entlang ging, sah ich ab und zu einen Bewohner auf einer Couch sitzen, gestützt auf seinen Gehstock. Er hat nie gesprochen oder zurückgegrüsst.
Eines Tages verspürte ich den Impuls, mich neben ihn zu setzen. Ich fragte ihn und da er keine Reaktion zeigte, setzte ich mich eine Weile still neben ihn. Dann verabschiedete ich mich wieder. Er murmelte etwas in seinen Bart und ich ging. Dies wiederholte sich bei einem nächsten Besuch. Beim dritten Mal begann ich ein Gespräch mit ihm. Er hatte auf diversen Bauernhöfen gearbeitet. So unterhielten wir uns über den Landwirtschaftsbetrieb. Mit der Zeit öffnete er sich. Von nun an

verabschiedete er sich, winkte mir vergnüglich zu und fragte jeweils, wann ich denn wieder komme.
Diesen Mann durfte ich auch in seiner Sterbephase bis hin zu seinem Tod begleiten. Ich werde nie vergessen, wie er mir gegen Ende seines Lebens mit seinen Händen über meine Arme streichelte und sich bei mir für alles bedankte. Das hat mich sehr berührt!

Es zeigt einmal mehr, wie wertvoll es ist, wenn Menschen noch ein gut funktionierendes, soziales Netz haben.

2.1. Verlustängste, Verzweiflung

Es gibt verschiedene Arten von Verlusten:
Verlust der Arbeit, von geliebten Menschen oder Tieren, von Fähigkeiten, vom Wohnort, von der Gesundheit wie auch von der Selbständigkeit.

Ein jüngerer Mensch kann solche Verluste eher verkraften. Oft hat ein älterer Mensch nicht mehr die psychische Kraft, diese zu kompensieren und beginnt zu grübeln oder zu verzweifeln, da er ob dieser Verluste leidet.

Dies sind einschneidende Erlebnisse im letzten Lebensabschnitt! Viele Bewohner haben damit zu kämpfen. Ihre Verzweiflung zeigt sich unterschiedlich. Manche Menschen sind mehr in sich gekehrt, nachdenklich, still und ratlos, andere zeigen sich eher frustriert und aufbrausend.

Den kranken Menschen bleibt nicht erspart, ihren Krankheitszustand als permanent akzeptieren zu lernen. Angehörige, das Pflegepersonal oder eine Fachperson können sie vielleicht für einige Stunden ablenken, aber den inneren Prozess der Akzeptanz müssen sie allein durchlaufen.

Ich kann nicht oft genug erwähnen, dass stabile, herzliche und unterstützende Beziehungen zentrale Ressourcen für den Erhalt der seelischen Gesundheit sind.

2.2. Vergesslichkeit und Demenz

Vergesslichkeit
Eine altersbedingte Vergesslichkeit ist nicht krankheitsbedingt, sondern eine leichte kognitive Beeinträchtigung. Sie hat einen langsamen Verlauf und ist nicht mit einer Demenzerkrankung gleichzusetzen.

Demenz
Demenz ist ein Überbegriff, welcher mehr als fünfzig verschiedene, chronisch fortschreitende Erkrankungen des Grosshirns zusammenfasst. Diese führen zu einer Schädigung des Hirngewebes und zum Verlust von Nervenzellen.

Ich führe hier eine Kurzbeschreibung von zwei Demenz-Varianten auf:
Alzheimer-Demenz und vaskuläre Demenz

Alzheimer-Demenz*
Die Alzheimer-Demenz ist eine degenerative Demenz-Form. Mehr als die Hälfte aller Menschen mit Demenz sind von dieser Form betroffen.
Sie macht sich schleichend bemerkbar. Die ersten Symptome sind meist Gedächtnisprobleme oder Wortfin-

dungsstörungen. Es gibt Veränderungen in der Gemütsverfassung und im Verhalten, wie Antriebslosigkeit, depressive Verstimmung und Rückzug. Im Verlauf sterben immer mehr Nervenzellen in bestimmten Abschnitten des Grosshirns ab. Das Hirnvolumen kann bis auf 20% schrumpfen. Die Alzheimer-Demenz kann bis heute nicht geheilt werden.
Das Bewältigen des Alltags wird je länger desto schwieriger. Betroffene sind vermehrt auf Unterstützung angewiesen. Zu Beginn der Demenz erleben die Betroffenen bewusst, dass sie etwas vergessen. Dieses Spüren des Gedächtnisverlusts kann unterschiedliche Emotionen wie Angst, Verzweiflung, Wut etc. auslösen. Die Personen verfügen trotz der Verluste noch über eine grosse Selbständigkeit und Ressourcen, die es zu erkennen und zu nutzen gilt.

**Quelle: Alzheimer Schweiz, Infoblatt Häufige Demenzerkrankungen, www.alz.ch*

Vaskuläre Demenz*

Die vaskuläre Demenz ist im Gegensatz zur Alzheimer-Demenz keine degenerative Demenz. Wiederkehrende kleine Schlaganfälle oder Hirnblutungen verursachen Schädigungen in den verschiedensten Hirnregionen. Die kognitiven Fähigkeiten nehmen aber zwischen diesen „Einbrüchen" nicht ab. Oft spüren Betroffene nach einem erneuten Schlaganfall ihre Verluste. Diese können gering oder auch sehr einschneidend sein. Das Leben wird somit Stück für Stück durcheinandergebracht. Eine vaskuläre Demenz verläuft demnach eher treppenförmig. Die Symptome zeigen sich sehr unterschiedlich und diese Demenzform lässt sich schwer in Stadien beschreiben. Die betroffenen Personen benötigen oft geregelte Abläufe und eine ihnen bekannte Tagesstruktur.

**Quelle: Alzheimer Schweiz, Infoblatt Häufige Demenzerkrankungen, www.alz.ch*

In all diesen Jahren habe ich bei Gesprächen mit dementen Menschen etwas Wichtiges gelernt. Ich kann sie nicht noch schnell etwas fragen, wenn meine Zeit limitiert ist. Die Menschen mit Demenz benötigen viel Zeit, um mit einer Person zu kommunizieren. Sie benötigen Zeit zum Nachdenken, um zu formulieren, was sie gerne ausdrücken möchten. Ich habe mir angewöhnt, für sie genügend Zeit einzurechnen, damit eine Begegnung stattfindet, die für beide Parteien erfüllend und nicht mühsam und ermüdend wird.

Ein Umgang mit Menschen mit Demenz benötigt Fingerspitzengefühl und Achtsamkeit. Wenn die Kommunikation mit einem Menschen mit starker Demenz immer schwieriger wird, nehmen diese die Stimmung anderer Menschen intuitiver wahr.
Wenn ich nervös bin, ist keine echte Verbindung zu ihnen möglich. Man kann Menschen mit Demenz am besten entgegentreten, wenn man in seiner Mitte und die Ruhe selbst ist.

Je nach Stadium der Demenz wiederholen sich die Demenzkranken in Erzählungen (oft in die Kindheit zurückgehend) immer wieder. Es braucht viel Geduld und echtes Interesse, denn sie spüren, ob es eine Herz-zu-Herz-Kommunikation ist oder nicht.

Diese Thematik ist eine grosse Herausforderung für alle Beteiligten. Demente Menschen befinden sich oft in ihrer eigenen Welt (oft in kindlicher Vergangenheit), die nicht der Realität entspricht.
Damit umzugehen ist eine unglaublich schwierige Situation, die viel Engagement braucht und oft traurig, frustriert, ohnmächtig und auch hoffnungslos macht. Angehörige verlieren einen geliebten Menschen auf Raten!

Es ist jedoch wichtig zu verinnerlichen, dass nur der Mensch dement wird, das Herz aber nicht.
Ich will damit sagen, auch wenn manche Menschen mit Demenz nicht mehr verbal kommunizieren können, fühlen sie intuitiv, wie wir mit ihnen umgehen. Wir können uns nicht verstellen. Sie nehmen jede noch so kleine Stimmungsänderung wahr.

2.3. Schwierige Situationen

Es gibt viele Wege, eine Situation zu reflektieren, anzupacken und sich mit ihr auszusöhnen.

In all diesen Jahren, in denen ich Menschen begleitet habe, ist mir aufgefallen, dass Bewohner wie auch Angehörige unterschiedliche Strategien angewendet haben, um ihre aktuelle Lebenssituation bewältigen zu können.

Die einen verdrängen die Realität, da sie die Situation, in der sie sich befinden, nicht ertragen oder der Wahrheit nicht ins Gesicht schauen können. Es ist für sie eine momentane Überlebensstrategie, denn der Schmerz wäre ansonsten zu gross.

Es gibt verschiedene Situationen, welche Bewohner und Angehörige in eine Ausnahmesituation bringen:

- ein endgültiger Heimeintritt
- der Partner stirbt
- die Krankheit verschlechtert sich akut
- der Bewohner wird palliativ
- schleichender Gedächtnisverlust
- Einsamkeit

Nicht nur Bewohner, sondern auch Angehörige haben mit den sich immer wieder ändernden Situationen zu kämpfen. Manchmal passieren die Ereignisse Schlag auf Schlag, so dass die Involvierten keine Zeit haben, sich darauf einzustellen.

2.4. Abhängigkeit und Scham

Abhängigkeit und Scham sind Knackpunkte, die nicht ausser Acht gelassen werden dürfen.

Wenn ein Mensch in eine Pflegeinstitution eintritt, ist es möglich, dass er wegen einer Krankheit oder eines Unfalls nicht mehr selbst essen, allein duschen kann oder beim Toilettengang begleitet werden muss.

Der Bewohner wird abhängig und muss das Personal dafür um Hilfe bitten, was ihn am Anfang sehr beschämt und ihm Schwierigkeiten bereitet.

Es benötigt viel Feingefühl und Verständnis von Seiten des Personals.

Ist ein Mensch z. B. wegen eines Schlaganfalls auf Hilfe beim Eingeben von Essen angewiesen, braucht das Personal je nach Situation viel Geduld, Zeit und Verständnis.

Wenn Bewohner zu Beginn auf Hilfe angewiesen sind, können Gefühle von Ohnmacht, Scham und innere Konflikte entstehen. In dieser Phase ist ein achtsamer, würdevoller Umgang besonders wichtig.
Es ist hilfreich, wenn Angehörige diese Umstände nicht herunterspielen, sondern signalisieren, dass sie ihre Liebsten verstehen.

2.5. Besuche, wie oft?

Ein Thema, das angeschaut werden muss, ist der Besuch von Bewohnern.

Die diversen Krankheiten können auch Angehörige psychisch belasten. Umso wichtiger ist es, dass sie ihr Leben zu Hause bewusst so gestalten, dass es ihnen Freude macht und sie sich selbst nicht vergessen. Es ist nicht egoistisch, wenn Angehörige sich zwischendurch um sich selbst kümmern, damit sie ihr seelisches Gleichgewicht bewahren können.

Viele Lebenspartner besuchen ihre Liebsten tagtäglich und haben ein schlechtes Gewissen, wenn sie einmal nicht kommen. Ich bin der Meinung, dass die Angehörigen mindestens einen oder zwei Tage in der Woche bewusst keinen Besuch machen sollten, auch wenn dies bei ihren Liebsten auf Widerstand stösst.

Sie dürfen sich nicht vergessen und sollten unbedingt ihre sozialen Kontakte weiter pflegen.

Sie können mit ihren Liebsten behutsam besprechen, warum und wann sie ihren freien Tag haben möchten. Die Angehörigen können z. B. Tage wählen, an denen das Heim Aktivitäten anbietet, so fällt die Abwesenheit eines Partners für die Bewohner nicht so sehr ins Gewicht. Es ist von Vorteil, möglichst immer die gleichen Tage zu wählen, an denen man fernbleibt. Das generiert eine Regelmässigkeit, die nicht nur für die Bewohner, sondern auch für das Personal hilfreich ist.

3. Sterbeprozess/Sterbephasen/Symptome (Teil 3)

Die wenigsten Menschen sterben so, wie sie es sich wünschen, nämlich, dass sie eines Morgens einfach nicht mehr aufwachen!

Jeder Mensch stirbt unterschiedlich und in seinem eigenen Tempo.

In der Sterbephase verändert sich das Verhalten der Menschen, was auf den nahenden Tod hinweisen kann.
Für Angehörige ist es hilfreich zu wissen, dass ein Mensch einige Tage vor seinem Tod nochmals aufblühen kann. Er isst wieder und es scheint ihm besser zu gehen. Doch diese Zeitspanne ist leider sehr kurz.

Ich habe oft beobachtet, dass die Menschen in der Sterbephase die Augen in immer länger werdenden Abschnitten geschlossen halten, obwohl sie wach sind. Sie sind einfach schwach.

Sie freuen sich trotzdem, wenn die Angehörigen mit ihnen sprechen und ihnen etwas erzählen oder singen.

Bei jeder Sterbebegleitung hatte ich das Gefühl, dass die Menschen schon früh intuitiv spürten, dass sie bald sterben werden, auch wenn manche es bis zum Schluss nicht wahrhaben wollen.

Ich glaube auch, dass Menschen, die im Leben unauffällig waren, eher im Schlaf sterben als Menschen, die im Leben immer gekämpft haben.
Diese Menschen kämpfen oft auch in der Sterbephase, welche einige Tage, aber auch einige Wochen dauern kann.

Angehörige sollten sich darauf einstellen, dass diese Zeit für alle Beteiligten ein ermüdender und herausfordernder Weg sein kann. Einige Angehörige haben mir im Nachhinein gesagt, dass es für sie sehr anstrengend gewesen sei. Trotzdem war diese Zeit für sie notwendig und wertvoll. So konnten sie sich langsam von ihren Liebsten verabschieden.

Manche Menschen können die physische Welt ruhig verlassen. Sie haben alle schriftlichen Angelegenheiten geregelt, Beerdigungswünsche angebracht, eventuelle Streitigkeiten beseitigt und sich von ihren Liebsten verabschiedet.

Es gibt jedoch auch Menschen, die tage- oder wochenlang kämpfen, bis sie sterben. Sie wollen oder können aus den unterschiedlichsten Gründen nicht sterben, weil sie möglicherweise Ängste plagen, wie:

- sie haben nicht alles geregelt
- sie warten noch auf einen Menschen, um sich von ihm zu verabschieden
- sie möchten noch jemandem verzeihen oder sie wünschen sich, dass ihnen jemand verzeiht
- sie haben schlichtweg Angst vor dem Sterben

Auch wenn Angehörige Mühe haben, einer sterbenden Mutter oder einem sterbenden Vater zu verzeihen, weil

die Verletzungen zu gross waren, ist es trotzdem ratsam, es zu versuchen.
Verzeihen bringt Frieden!

Vielleicht besteht noch die Möglichkeit, dem Sterbenden dies und das mitzuteilen, was man zu Lebzeiten versäumt hat und ihm am Schluss zu sagen, dass alles gut ist und er nun gehen oder loslassen darf.

Oftmals haben Sterbende das Gefühl, dass sie wegen der Angehörigen nicht gehen dürfen und lassen erst dann los, wenn die Angehörigen kurz aus dem Zimmer gehen.

Haben Sie somit kein schlechtes Gewissen, dass Sie aus dem Zimmer gegangen sind, denn der Sterbende hat sich bewusst dafür entschieden, zu sterben, wenn niemand im Zimmer ist!

3.1. Die 5 Sterbephasen nach Elisabeth Kübler-Ross

Phase 1: Nichtwahrhabenwollen
Fast alle Patienten versuchen, die Krankheit zu leugnen, nicht nur im ersten Augenblick, sondern auch später immer wieder.

Phase 2: Zorn
Warum gerade ich? Warum nicht XY!? Der Zorn entlädt sich oft über das Personal. Das Pflegepersonal und der Arzt taugen nichts!

Phase 3: Verhandeln
Die dritte, meist nur flüchtige Phase, ist weniger bekannt, für den Patienten aber oft sehr hilfreich. Wenn wir in der ersten nicht imstande sind, die Tatsachen anzuerkennen, und in der zweiten mit Gott und der Welt hadern, versuchen wir in der dritten vielleicht, das Unvermeidliche durch eine Art „Handel mit Gott" hinauszuschieben. Im Grunde feilscht ein Patient immer um einen Aufschub.

Phase 4: Depression
Wenn der Todkranke seine Krankheit nicht länger verleugnen kann, wenn neue Eingriffe und Krankenhausaufenthalte notwendig werden, er schwächer und elender wird, dann kann er seinen Zustand nicht mehr mit einem Lächeln abtun. Erstarrung, Zorn und Wut weichen bald dem Gefühl eines schrecklichen Verlustes.

Phase 5: Zustimmung
Wenn der Kranke Zeit genug hat und nicht plötzlich stirbt, wenn er Hilfe zur Überwindung der ersten Phase fand, erreicht er ein Stadium, in dem er sein „Schicksal" nicht mehr niedergeschlagen oder zornig hinnimmt. Er hat seine Emotionen aussprechen dürfen, den Neid auf die Lebenden und Gesunden, den Zorn auf alle, die ihren Tod nicht so nahe vor sich sehen. Er hat den drohenden Verlust so vieler geliebter Menschen und Orte betrauert, und nun sieht er seinem Ende mit mehr oder weniger ruhiger Erwartung entgegen. Er ist müde, meistens sehr schwach und hat das Bedürfnis, oft und in kurzen Intervallen zu dösen oder zu schlafen. Es ist ein anderer

Schlaf als in der Zeit der Depression, er dient jetzt nicht zum Atemholen zwischen den Schmerzanfällen, ist kein Ausweichen und keine Erholungspause mehr; sondern nun wächst allmählich das Bedürfnis, die Stunden des Schlafes auszudehnen wie bei einem Neugeborenen, nur im umgekehrten Sinn. Diese Phase ist frei von Gefühlen. Nun kommt die Zeit der „letzten Ruhe vor der langen Reise". In dieser Phase brauchen die Angehörigen oft mehr Unterstützung und Verständnis als der Patient selbst.

Quelle: Elisabeth Kübler-Ross: Interviews mit Sterbenden/Dem Leben neu vertrauen

Ich habe bei meinen Sterbebegleitungen erlebt, dass erstens diese 5 Phasen nicht immer alle durchlebt werden und zweitens nicht in der Reihenfolge von 1–5, sondern durcheinander und/oder wiederkehrend.

Es gibt diese 5 Phasen aber auch bei den Trauernden.

Wenn erwachsene Kinder erfahren, dass z. B. ein Elternteil Krebs hat und sehr bald sterben wird, oder wenn ein Angehöriger erleben muss, dass der Partner einen schweren Schlaganfall hat, dann spricht Elisabeth Kübler-Ross von einer Vortrauer, die ein wichtiger Teil der Erfahrung des Verlusts ist. Sie gehört zum Prozess, den unsere Nächsten durchmachen, wenn sie ihrem Tod gegenüberstehen. Für diejenigen, die nach dem Verlust eines Angehörigen weiterleben, ist sie der Anfang des Trauerprozesses. Eine solche Vortrauer kann helfen, uns auf das gefasst zu machen, was uns bevorsteht. Aber wir sollten darauf gefasst sein, dass diese Vorwegnahme eines

Ereignisses genau so überwältigend sein kann wie das Ereignis selbst.

Vorgewarnt sein bedeutet nicht immer, gewappnet zu sein. Diese Erfahrung kann den Prozess des Trauerns lindern und abkürzen – oder auch nicht.
Sie kann auch Schuldgefühle wecken, weil wir bereits trauern, bevor der Verlust sich ereignet hat. Wir können all diese 5 Phasen schon vor Eintritt des Todes durchmachen. Auch da kann es sein, dass wir nur die Phasen des Zorns und des Leugnens (Nichtwahrhabenwollen) erleben.
In manchen Fällen tritt die Trauer schon Jahre vor dem Verlust ein, wie z. B. bei Alzheimer oder Multiple Sklerose, wo man seine Liebsten scheibchenweise verliert.

3.2. Mögliche Symptome beim Sterbeprozess

Das Sterben bei älteren Menschen ist oft ein längerer Prozess. Dabei können einige oder mehrere der folgenden Symptome auftreten:

- Allgemeine Schwäche (Sprechen, Fixieren mit den Augen, Schlucken)
- Körperliche Unruhe, Zupfen am Bettzeug/Nachthemd, Versuch, aus dem Bett zu kommen
- Mehr Schlafphasen als Wachphasen
- Bewusstlosigkeit, wechselnd in der Tiefe
- Kalte Extremitäten, marmorierte Haut infolge von Kreislaufschwäche (gegen Ende)
- Todesdreieck: Weisse Verfärbung um die Nase und den Mund herum

- Harnverhalten, Inkontinenz
- *Veränderung der Atmung**, unregelmässige Atmung, *Rasselatmung***, *Schnappatmung****
- Atem- und Kreislaufstillstand (klinischer Tod)
- Starre Pupillen, Ausfall des Zentralnervensystems (biologischer Tod)
- Letztes Funksignal aus dem Stammhirn: Nach dem letzten Atemzug kann ein paar Minuten später nochmals ein „vermeintlich letzter Atemzug" folgen. Wichtig zu wissen, damit sich Angehörige darauf vorbereiten können und nicht erschrecken!

**Veränderung der Atmung*: In den letzten Lebensstunden verändert sich auch die Atmung. Es können Atempausen teilweise von bis zu 50 Sekunden eintreten, dann setzt die Atmung nochmals ein.

***Rasselatmung*: Das Rasseln entsteht, weil der Sterbende nicht mehr schlucken oder husten kann, deshalb pendelt der Schleim mit der Atemluft hin und her. Es entsteht keine Atemnot und ist nicht quälend. Angehörige erschrecken aber oft, weil sie solch rasselnde Atemzüge noch nie gehört haben und meinen, dass der Sterbende erstickt. Das ist aber nicht der Fall.

Dem Sterbenden sollte zu diesem Zeitpunkt keine Flüssigkeit mehr gegeben, sondern nur noch der Mund mit einem Spray befeuchtet werden.

****Schnappatmung*: Kurz vor dem endgültigen Atemstillstand ist häufig eine Schnappatmung zu beobachten. Sie ist gekennzeichnet durch einzelne schnappende Atemzüge, zwischen denen lange Pausen liegen.

3.3. Erleichternde körperliche Massnahmen in der Sterbephase

Es gibt verschiedene Möglichkeiten, einen Menschen in der Sterbephase körperlich und psychisch zu unterstützen:

- Anstrengungen vermeiden
- Angenehme, ruhige Atmosphäre, keine Unruhe und Hektik
- Häufige Mund-, Lippen- und Augenpflege
- Erfrischungen in Form von Waschungen und Einreibungen mit gewohnten Lotionen
- Wechselnde Lagerungen durchführen
- Häufiges Wäschewechseln bei Schwitzen, warme Decke bei Frösteln
- Eventuell Lieblingsgetränk anbieten, sofern noch möglich, oder damit Mund befeuchten
- Bei erschwerter Atmung Sauerstoff verabreichen, Schleim aus Mund entfernen, Oberkörper etwas hochlagern
- *Der Hörsinn ist der letzte Sinn, der schwindet,* deshalb in Gegenwart des Sterbenden immer so reden, als ob er bei vollem Bewusstsein wäre. Bitte, nicht über Tätigkeiten wie Beerdigungsformalitäten nach dem Hinscheiden vor dem Sterbenden sprechen!
  (Mich fragte einmal ein Angehöriger im Sterbezimmer, ob der Sterbende seine Uhr am Handgelenk noch brauche!)
- Der Sterbende versteht, auch wenn er nicht mehr reagieren kann.
- Er sollte liebevoll angesprochen werden.
- Sterbende senden Signale aus, diese wahrnehmen und akzeptieren, z.B. wenn jemand seine Hand zurückzieht.

- Sterbende ziehen sich immer mehr von ihrer Umwelt zurück.
- Eine Privatsphäre ermöglichen. Am besten ist es, wenn nur die engsten Angehörigen und Freunde oder eine Fachperson bei dem Sterbenden sind.
- Der Sterbende bestimmt, wenn noch möglich, wen er noch sehen möchte und nicht die Angehörigen. Es ist wichtig, auf die Bedürfnisse des Sterbenden einzugehen.

4. Sterbebegleitung/Trauerbegleitung (Teil 4)

4.1. Angst vor dem Sterben

Für viele Menschen sind das Sterben und der Tod etwas Bedrohliches und es macht ihnen Angst.

Wenn ich einen Menschen nicht kennengelernt habe, bevor ich ihn auf seinem letzten Weg begleiten durfte, habe ich mich ab und zu gefragt, wie der Sterbende seine Situation wohl beurteilt? Verdrängt er sie, nimmt er sie wahr und wird er sich ihr hingeben? Was für Gedanken und Gefühle begleiten den Sterbenden bei seinem Prozess? Die Angst? Erlebt er den Prozess bewusst? Hat er vorher noch über seine Ängste sprechen können oder wollen?

Es wäre wichtig, dass Angehörige mit ihren Liebsten über ihre Ängste sprechen könnten. Je nach Charakter oder Konstellation der Involvierten ist dies jedoch nicht immer möglich.

Viele Menschen haben Angst, wenn sie in der Sterbephase allein gelassen werden. Eine Begleitung kann ihnen etwas die Angst nehmen.
Wann immer möglich, sollte eine Begleitung angeboten werden, so dass der Betroffene nicht allein sterben muss.

Während des Sterbeprozesses habe ich nur mit wenigen Sterbenden über ihre Ängste sprechen können.

Die Vorstellung, unerträgliche Schmerzen erleiden zu müssen, macht den Sterbenden oft mehr Angst als das Sterben an und für sich.
Wenn ein Mensch seine Angst vor dem Sterben äussern darf oder kann, die Angehörigen oder eine Fachperson ihn unterstützen und vor allem seine Gefühle aushalten können, hilft ihm dies in seinem Prozess und er wird ruhiger.

Die Angst der Sterbenden hat viele Gesichter:

- Angst, wie die Angehörigen nach ihrem Tod zurechtkommen
- Angst vor Schmerzen
- Angst vor Ungelöstem
- Angst vor dem Alleinsein
- Angst vor Trennung
- Angst vor dem Ungewissen

Eine Begebenheit bleibt mir in Erinnerung:

Ich habe eine Frau das erste Mal besucht, stellte mich vor und wir begannen ein Gespräch. Bald merkte ich, dass sie eine brennende Frage auf dem Herzen hatte:
„Darf ich denn nicht aufhören zu essen?“
Ich fragte sie dann, ob sie denn nicht mehr essen möchte, was sie verneinte. Daraufhin fragte ich sie direkt, ob sie denn den Wunsch habe, zu sterben, was sie bejahte! Sie hat sich nicht getraut, einfach aufzuhören zu essen und brauchte noch eine Bestätigung, dass es ok sei, wenn sie nichts mehr esse. Sie war klar bei Verstand und erzählte mir, dass sie alles mit ihren Kindern geregelt habe. Danach schloss sie die Augen und wurde ganz ruhig.

Ich verabschiedete mich bald darauf von ihr und wünschte ihr eine gute Reise, obwohl ich damals nicht gedacht hatte, dass sie uns so schnell „verlässt“. Sie öffnete ihre Augen und lächelte. Zwei Tage nach meinem Besuch ist sie gestorben.

Die Angehörigen pendeln oft zwischen Hoffnung und Bangen. Es ist sehr wichtig, auch sie zu begleiten und zu beruhigen, damit sich ihre Angst nicht auf den Sterbenden überträgt.

Meine letzte Sterbebegleitung im Pflegeheim ist eine Bewohnerin gewesen, deren Sterbeprozess meiner Ansicht nach „bilderbuchmässig“ verlaufen ist. Die Bewohnerin konnte ihre Ängste noch mit ihrer Tochter besprechen und war in der glücklichen Lage, ohne starke Schmerzmedikamente und ganz bewusst den Sterbeprozess zu durchlaufen. Sie konnte bis einige Stunden vor ihrem Tod noch nicken, wenn ich ihr eine Frage stellte oder ihr erklärte, was für Verrichtungen ich machen werde.

Es gibt aber auch Angehörige, die den Wunsch des Vaters oder der Mutter zu sterben nicht respektieren können, sondern alles verdrängen und es nicht wahrhaben wollen. Sie möchten noch weitere Untersuchungen und sind nicht bereit, der Realität ins Auge zu schauen. Das ist eine schwierige Situation für alle Beteiligten. Doch bei einer fachgerechten Betreuung entstehen oft gute Gespräche und die Angehörigen machen sich danach Gedanken über die Notwendigkeit des Loslassens.

Als ich das erste Mal einen Menschen mit starken Schmerzen auf seinem letzten Weg begleitet habe, bin ich in Panik geraten. Es war meine erste professionelle Sterbebegleitung eines Menschen mit grossen Schmerzen. Der Sterbende hatte so starke Schmerzen, dass er mich am Pullover packte und mich um Hilfe bat. Ich war mit der Situation überfordert. Nachdem das Pflegepersonal ihm Schmerzmittel verabreicht hatte, beruhigte sich der Sterbende langsam.

Wie schwierig muss eine solche Situation erst für Angehörige sein?

Meine Auffassung ist es, dass ein Mensch, wenn er keine Schmerzen hat, seinen Sterbeprozess bewusst durchlebt. Der Sterbende wird manchmal nur deswegen sediert, weil die Angehörigen diesen Prozess und das „unruhig-Werden" nicht aushalten können.

Auch wenn ein Sterbender seine Wünsche nicht mehr verbal äussern kann, also nicht mehr spricht, kann er trotzdem zeigen, wenn er keine Berührung wünscht. Er bewegt seinen Körper oder seine Hand ganz leicht oder zieht sie weg, wenn er noch die Kraft dazu hat! Deshalb sollte man bei einer Begleitung sehr achtsam sein und nicht seine eigenen, persönlichen Wünsche durchsetzen.

Durch die vielen Begleitungen ist mir bewusst geworden, wie herausfordernd eine Sterbebegleitung für Angehörige ist. Sie müssen während diesem Prozess nicht nur mit ihren Gefühlen und Verlustängsten klarkommen, sondern auch miterleben, wie schmerzhaft ein Sterbeprozess für ihre Liebsten sein kann.

Auch Angehörige von Sterbenden erleben eine Achterbahn der Gefühle, schon allein deshalb, weil sie „verlassen" werden und weil der Sterbende sie allein zurücklässt.

Wie schon erwähnt, können auch die Angehörigen die 5 Trauerphasen durchleben (siehe 3.1).

4.2. Sterbebegleitung

Das Pflegepersonal, die Fachperson für Sterbebegleitung oder Seelsorger geben den Bewohnern die Gelegenheit, ihnen mitzuteilen, was für Wünsche sie in der Sterbephase haben, ihren Glauben, ihre Überzeugungen und Wertvorstellungen, alles was ihnen wichtig ist.

Es ist essenziell, einen sterbenden Patienten in seiner Einzigartigkeit zu sehen und ihm individuell zu begegnen. So ist eine wunschgerechte Begleitung gewährleistet.

Man sollte, wenn möglich, Sterbende in der gewohnten Umgebung belassen und nicht in ein anderes Zimmer verlegen.

Das Wichtigste bei einer Begleitung ist für mein Dafürhalten, dass alle Tätigkeiten in Ruhe ausgeführt werden. Es soll keine Hektik oder Unruhe herrschen, denn diese kann sich auf den Sterbenden übertragen.
Es sollte eine Atmosphäre geschaffen werden, die dem Sterbenden das Sterben erleichtert.

Die Angehörigen richten oft das Zimmer so ein, dass eine liebevolle, warme, feierliche Atmosphäre entsteht.

Wenn Angehörige ihre Liebsten nicht loslassen können, ist es für den Sterbenden sehr schwierig, sich dem natürlichen Prozess hinzugeben.

Es braucht Mut und Stärke, dem Sterbenden sagen zu können, dass man ihn liebt und ihn jetzt in Liebe loslässt, damit er ruhig sterben und in eine uns nach wie vor unbekannte Dimension übergehen kann.
Eine Sterbebegleitung sollte immer im Sinne des Sterbenden geschehen und seine Wünsche sollten respektiert werden, auch Wünsche religiösen Charakters, wie z. B. Krankensalbung oder der Wunsch nach einem Seelsorger. Wenn man die Biografie eines Menschen kennt und weiss, welche Musik er mag, kann man die entsprechende Musik laufen lassen.
Es ist sehr hilfreich, wenn man die Vorlieben eines Sterbenden kennt und schon im Vorfeld weiss, dass er z. B. gerne Cola trinkt. So könnte man ihm mit Cola den Mund befeuchten, wenn er nicht mehr trinken kann oder einen kleinen Eiswürfel aus Cola in eine Gaze wickeln und den Mund damit ausreiben.
Wenn ich eine Sterbebegleitung mache, bitte ich in der Meditation um Unterstützung, insbesondere bei einem Menschen, den ich nicht kenne. Durch meine spirituelle Unterstützung und Haltung entsteht eine friedliche, ruhige Atmosphäre. Ab und zu frage ich auch mal einen Sterbenden, ob ich ihn am Arm oder an der Hand berühren darf und kann ihn so manchmal beruhigen.

Wenn ein Sterbender seine Wünsche nicht mehr verbal äussern kann, kann er trotzdem zeigen, wenn er keine Berührung wünscht. Er bewegt – manchmal kaum mehr ersichtlich – seinen Körper oder seine Hand.
Ganz wichtig ist, dass man dem Sterbenden immer vor einer Handlung sagt, was man gerade machen möchte, wie z. B. ihm etwas zu trinken geben, seinen Mund befeuchten, seine Lippen eincremen, ein feuchtes Tuch auf

die Stirn legen usw., denn er versteht bis zum Schluss, was gesprochen wird.

Falls der Sterbende den Mund fest verschliesst und nichts mehr zu trinken haben möchte, sollte dies respektiert werden. Es darf ihm nichts gegen seinen Willen eingeflösst werden, denn es ist möglich, dass er nicht mehr fähig ist, zu schlucken. Wenn ihm trotzdem etwas eingeflösst wird, könnte er ersticken, denn er hat zu diesem Zeitpunkt nicht mehr die Kraft, auszuhusten. Es sollten ihm nur noch mit einem Sprühfläschchen der Mund befeuchtet und die Lippen eingecremt werden, damit der Mundbereich feucht bleibt, die Zunge nicht vertrocknet und die Lippen geschmeidig bleiben, so dass keine Risse entstehen.

Viele Angehörige sind froh, wenn sie etwas „tun" können und wenn es nur eine kleine Pflegeverrichtung ist, wie den Mund befeuchten oder mit einem Tuch die Stirn abtupfen, denn das Nichtstun ist oft schwer auszuhalten.

Sie sind auch dankbar, wenn sie mit einer Fachperson über ihre Ängste und Befürchtungen sprechen können.

Wenn Sterbende die Stimme von einem Angehörigen hören, beruhigt sie dies manchmal. So haben sie die Gewissheit, dass ihre Angehörigen noch anwesend sind.
Im fortgeschrittenen Sterbeprozess kann ein Mensch stark nach Aceton riechen, was unangenehm ist für die Begleitpersonen. Man kann etwas Lavendel-Aromaöl auf ein Papiertaschentuch sprühen und es sich diskret an die Nase halten, damit es das Einatmen erleichtert.

4.3. Trauerbegleitung von Angehörigen

Während eines Sterbeprozesses ist es wichtig, dass die Angehörigen ebenfalls gut begleitet werden, da auch sie sich in einer Ausnahmesituation befinden.

Jede Situation ist unterschiedlich. Es gibt Angehörige, die dankbar und erleichtert sind, wenn eine Fachperson zusammen mit ihnen ihre Liebsten auf ihrem letzten Weg begleitet. Sie fühlen sich sicherer und haben weniger Angst vor dem Ungewissen. Sie können dann Fragen stellen und fühlen sich nicht allein gelassen in ihrem Schmerz. Eine Mitbegleitung ermöglicht ihnen eine „ruhigere" Verabschiedung.

Es bereitet den Angehörigen oft Mühe, die Begleitung ihrer Liebsten in der Nacht einer Fachperson zu überlassen. Sie sind hin und her gerissen zwischen der Angst und ihrem schlechten Gewissen, dass ihre Liebsten in der Nacht sterben könnten, ohne dass sie dabei sein können. Sie können sich verständlicherweise nur schwer eingestehen, dass sie es nicht schaffen, Tag und Nacht bei ihren Liebsten am Bett zu sitzen.

Ich spreche immer wieder mit Angehörigen und mache sie darauf aufmerksam, dass die Sterbephase unter Umständen einige Tage dauern könnte, und dass es sinnvoll wäre, in der Nacht auszuruhen, um ihre Kräfte einzuteilen.

Die Angehörigen sind dankbar, wenn sie mit einer Fachperson über ihre Ängste und Befürchtungen sprechen können.

Es ist wichtig, dass man sich den Angehörigen auch dann noch annimmt, wenn ihr geliebter Mensch verstorben ist.
Die Formen der Trauer und des Abschiednehmens sind sehr individuell. Oft fühlen sich die Angehörigen nach dem Tod ihrer Liebsten verloren und von ihrer Trauer so übermannt, dass sie nicht mehr klar denken können. Sie sind dankbar, wenn sie nicht allein gelassen werden und Zeit bekommen, sich zu sammeln und dass jemand da ist, der ihnen zuhört. So haben sie die Gelegenheit, über das zu sprechen, was ihnen in dieser höchst emotionalen Trauersituation gerade auf dem Herzen liegt.

5. Trauerkultur/Werkzeuge für Angehörige zur Trauerverarbeitung (Teil 5)

5.1. Trauerkultur

Die Trauerkultur befindet sich gegenwärtig im Umbruch. Alte Traditionen werden endgültig aufgegeben. Bei einer Beerdigung wird häufig nicht mehr Schwarz getragen, auch der schwarze Knopf am Anzug (als Zeichen der Trauer) und der Trauerflor sind verschwunden. Es sind neue Ausdrucksformen der Trauer am Entstehen. Sie sind in der Regel individualistischer als die manchmal doch recht starren Muster, im Speziellen die verschiedenen Bestattungsrituale. Doch dies hat leider zur Folge, dass in vielen Ländern in der heutigen säkularen Zeit die Trauer um den geliebten Menschen oft nicht mehr gezeigt wird, da der Tod ein Thema ist, das in unserer Gesellschaft gemieden wird. Wer will schon mit dem Thema Tod und seiner eigenen Endlichkeit konfrontiert werden?

Somit sind wir aktiv, obwohl wir uns viel lieber zurückziehen möchten, unterdrücken es, über den Verstorbenen zu sprechen und gehen den täglichen Pflichten nach, obwohl unsere Gedanken immer wieder abschweifen. Auch wenn die Gesellschaft uns die notwendige Zeit zum Trauern nicht zugesteht –und wir uns selbst auch nicht –, spüren wir weiterhin den Verlust, den Schmerz und die Angst. Unser Körper reagiert dementsprechend. Wir können nicht schlafen, haben keinen Appetit und können uns nicht konzentrieren.

Da Trauernde oft viel zu wenig Gelegenheit erhalten, über den Verlust zu sprechen und ihre Trauer zu zeigen, vermeiden sie es, sich mit dem Tod auseinander zu setzen. Ich habe die Erfahrung gemacht, dass ein Trauerprozess aktiv durchlebt werden muss, um einen Verlust verarbeiten zu können. Man kann nicht einfach abwarten, bis die Zeit die Trauer und die Wunden heilt, denn das tut sie nicht. Die Trauer sollte nicht auf später verschoben werden, sonst verschiebt sich auch der Heilungsprozess auf später.

Ein wichtiger Punkt für einen günstigen Trauerverlauf können Trauerbesuche sein. Es ist hilfreich, wenn ein Trauernder in seiner schwierigen, emotionalen Zeit nicht allein gelassen wird.

Als jemand aus meinem Bekanntenkreis einen Verlust erlitten hat, hat er viel später einmal erwähnt, dass er nicht nur den Verstorbenen vermisse, sondern sich in der Zeit nach der Beerdigung von seinen Bekannten und Freunden ziemlich allein gelassen gefühlt habe. Er hätte sich gewünscht, dass er ausser den nahen Angehörigen mehr Besuche erhalten hätte. Die vielen Stunden, die er allein verbrachte, habe er nur schwer ertragen können. Die Leere und den Schmerz, den er nicht teilen konnte, habe er fast nicht aushalten können.

Das Negieren und Ausklammern des Todes haben auch zur Folge, dass Kondolenzbesuche vermieden werden. Wir wissen nicht mehr, wie wir auf einen Trauernden zugehen sollen! Doch kaum jemand ist sich darüber bewusst, wie schmerzhaft und unverständlich ein Fernbleiben für den Betroffenen ist.

Ganz wichtig ist zu wissen, dass Personen, die einen geliebten Menschen verloren haben, nicht auf einen zukommen. Sie werden weder telefonieren noch auf einen Besuch vorbeikommen.

Wir müssen den ersten Schritt tun, anrufen, besuchen, Fragen stellen, herausfinden, was sie benötigen.

Auch wenn sich die Trauernden selbst nicht melden, sind sie überaus dankbar, wenn sie Besuch erhalten und über den Verstorbenen sprechen können.

In gewissen Kulturen werden die Trauernden in den ersten Wochen nicht allein gelassen, sondern von der Familie bekocht und betreut.
Eine trauernde Person ist die ersten Wochen oder sogar Monate so fest in ihrer Trauer gefangen, dass sie nicht die Kraft hat, sich an andere zu wenden.

5.2. Werkzeuge für Angehörige zur Trauerverarbeitung

Einige Rituale, die Trost und Halt geben:

- Das Foto eines verstorbenen Menschen zur Hand nehmen und mit ihm sprechen, ihm seine Gefühle mitteilen.
- Einem geliebten Verstorbenen einen Brief schreiben und sich alles von der Seele schreiben, was Erleichterung schafft, sei es Trauer, Wut oder Freude, Hilflosigkeit, Angst, Einsamkeit, Verzweiflung, Ohnmacht. Ihm schreiben, was zu Lebzeiten nicht gesagt oder

getan werden konnte. Seine Dankbarkeit ausdrücken, Verletzungen ansprechen, das Schweigen brechen etc.

- Ans Grab gehen, eine Kerze anzünden und mit dem Verstorbenen in Kontakt treten.
- In die Natur gehen, mit dem Verstorbenen sprechen und Erinnerungen an gemeinsame, schöne Erlebnisse hervorrufen.
- Sich für die schöne Zeit bedanken, die man mit einem geliebten Menschen verbringen durfte.
- Sich bewusst vor Augen führen, dass die Verstorbenen nun in der geistigen Welt und je nach Glauben bei Gott leben, es ihnen dort gut geht und man mit ihnen kommunizieren kann.
- Vor dem Einschlafen mit dem verstorbenen Menschen sprechen.
- Den Verstorbenen um Begleitung in Liebe bitten.

Nachwort

Die Medizin hat grosse Fortschritte gemacht, so dass wir Menschen immer älter werden. Das ist jedoch nicht der Fehler der älteren Menschen, sondern die Konsequenz des Fortschritts.

Die Technik ist ein Segen, weil sie Leben rettet.
Im hohen Alter ist es meiner Meinung nach wichtig, dass die Lebensqualität durch eine Behandlung oder Operation verbessert wird und nicht nur das Leben verlängert. Es sollte sich jeder einzelne Mensch, wenn noch möglich, ernsthaft im Voraus Gedanken darüber machen, ob und welche Behandlung sinnvoll wäre.

Was mich die vielen älteren Menschen über all die Jahre gelehrt haben, sind:
Geduld – Loslassen – Annahme.

Dies ist die hohe Kunst des Alters!

Danksagung

Ich möchte, dass ihr wisst, wie unschätzbar wertvoll jede einzelne Unterstützung für mich war, sei es euer Zuspruch, diesen Ratgeber zu veröffentlichen, das Fachwissen, das Redigieren, das Gegenlesen und die persönlichen Geschichten, die ich veröffentlichen durfte.
Von Herzen ein grosses Dankeschön!

Die Autorin

Brigitta Rhyner ist 1956 in Zürich geboren und aufgewachsen. Sie wohnt seit über 30 Jahren in Felben-Wellhausen, ist verheiratet und hat zwei Söhne.

Ihre Liebe zu Sprachen und unterschiedlichen Kulturen entdeckte sie bei jährlichen Aufenthalten im Welschland und in England. Sie lebte mit ihrem Mann in Schweden, Jemen und Amerika. Das Interesse an verschiedenen Kulturen, deren Menschen und dem Reisen ist bis heute geblieben.

2011 machte sie eine dreijährige Ausbildung als Sterbe- und Trauerbegleiterin und begleitet seitdem Menschen auf ihrem letzten Lebensabschnitt. Freud und Leid des Heimalltags, das Sterben und der Tod sind seitdem zu festen Bestandteilen ihres Lebens geworden.

Weiters machte sie verschiedene Weiterbildungen, bei denen sie sich fundierte Kenntnisse zu den Themen Energie-Behandlungen, Kinesiologische Trauma-Entkopplung, Geistheilen und Trance Healing aneignete und praktiziert seit 2014 in Felben: www.heilmagnetismus.ch.